AF488086

Publicado por Writerverse Journey LLC, Salt Lake City, Utah, USA, 2023
https://writerversejourney.wixsite.com/author

Texto, Ilustração e Tradução: Kelle Lima

Obrigada por comprar uma edição autorizada e suportar a autora.
Para mais informações envie um email para 'writerversejourney@gmail.com'

Autora, Ilustradora e Tradutora: Lima, Kelle
Título: Minha mãe é uma autora: Então o que eu vou ser quando eu crescer?
Título Original: My mommy is an author: So what will I be when I grow up?
Descrição: Salt Lake City: Writerverse Journey LLC, 2023 | **Público Alvo:** 3+ Anos
Library of Congress Control Number: 2023905353
ISBN: 979-8-9862941-8-6 (Portuguese Edition Paperback)
ISBN (Original Title): 978-1-960656-00-1 (English Edition Paperback)
978-1-960656-01-8 (English Edition Hardcover)
Assunto: Escritor, Profissões, Família: Infanto-Juvenil | Professions, Portuguese, Family, Writer, Growing up: Juvenile Literature

Essa é uma obra de ficção. Qualquer semelhança com nomes, pessoas, fatos, ou situações de vida real é mera coincidência.

Outros livros que você vai adorar:
www.amazon.com/author/kellelima

Escaneie esse código com a câmera do celular

Writerverse Journey LLC
MINHA MÃE é UMA AUTORA
Kelle Lima
ENTÃO O QUE EU VOU SER QUANDO EU CRESCER?
bit.ly/writerverse

O QUE VOCÊ QUER SER QUANDO VOCÊ CRESCER?

ESSA PERGUNTA É MUITO

GRANDE
EU AINDA NÃO SEI
O QUE EU REALMENTE AMO FAZER!

Se bem que...
Minha mãe escreve livros.
Esse é mesmo o trabalho dela!

De rabiscos a cada palavra. Como num passe de mágica, um mundo inteiro aparece entre as páginas!

E se...
Eu virasse uma autora também ?
Não parece ser uma profissão
TÃO difícil assim.
Você pode conferir em todas as minhas observações aqui:

COMO SER UMA AUTORA

1 DIGITE SEM PARAR

Escrever no computador é uma das coisas que os autores mais fazem. E de acordo com a reação da mamãe, eu sou super rápida!

M-mas...
COMO?!
Eu saí por
trinta
segundos!

PAREDE
EM
BRANCO
Hum...

2 PRATIQUE O NADA!

Encarar uma tela em branco também parece essencial. Eu ainda não sei bem o porquê... Mas dou o meu melhor sempre que tento.

3
NÃO USE TINTA !
Desculpa...

Desenhar como a mamãe parece fácil, mas tinta, por outro lado, é bem difícil de limpar.
Acho melhor ficar só com meu giz de cera por enquanto.

4 EUREKA: AHA!

Do nada e com bastante frequência mamãe vai de olhos semicerrados a super abertos. Preciso ficar craque nisso antes de publicar um livro!

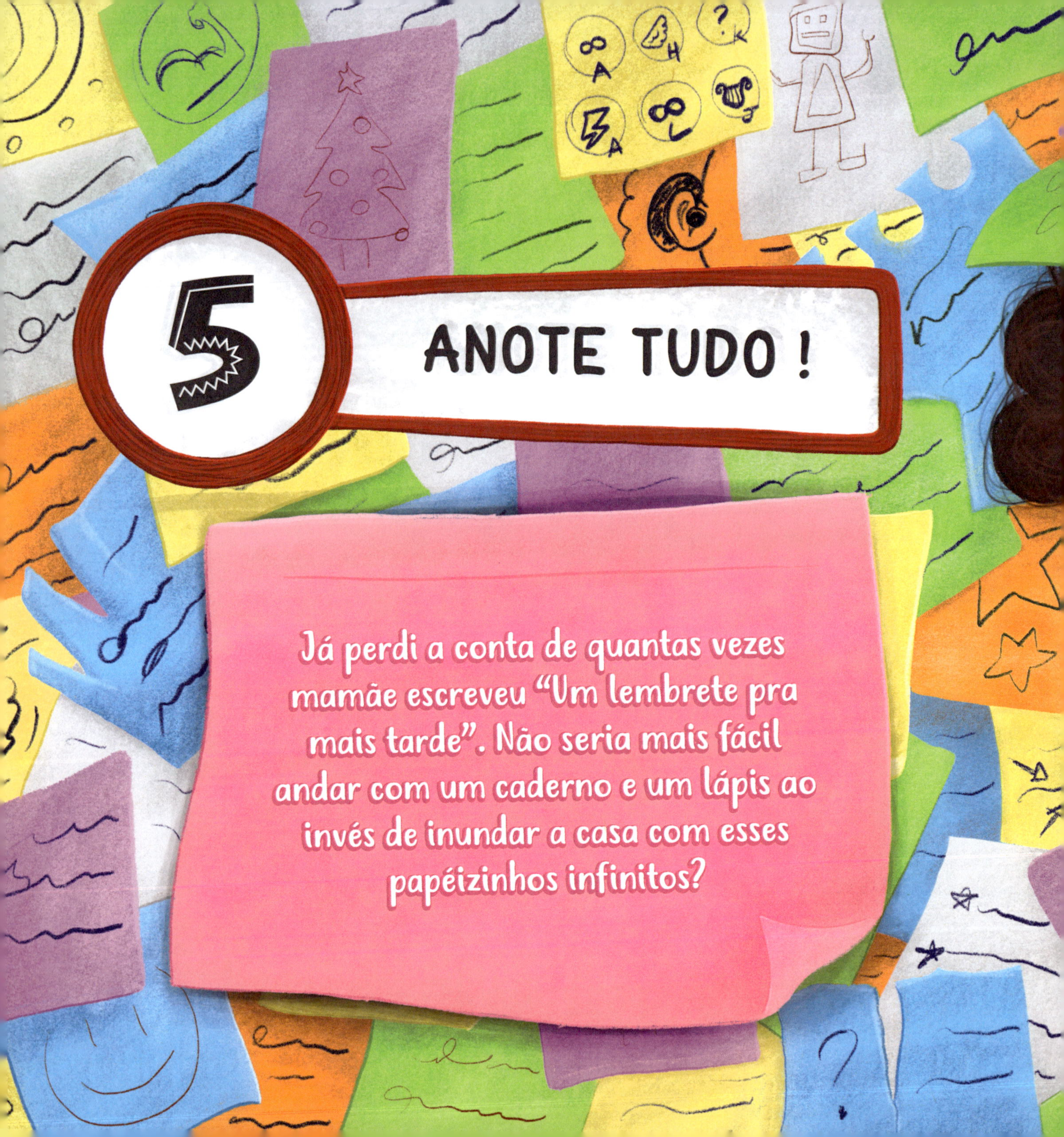

5

ANOTE TUDO !

Já perdi a conta de quantas vezes
mamãe escreveu "Um lembrete pra
mais tarde". Não seria mais fácil
andar com um caderno e um lápis ao
invés de inundar a casa com esses
papéizinhos infinitos?

6
CHEIRE LIVROS ?
Os olhos da mamãe brilham quando as cópias dela chegam. Ela parece comigo abrindo presentes - exceto pela parte esquisita de cheirar os pacotes...
Mãe?

Writerverse Journey LLC
Juju has a very special mission. She's determined to make Miss Rose her nana even though they aren't connected by blood. This little girl is ready to show the world that to be part of a family, we only need to be connected by our hearts.
Ready? Set. LAUGH & LOVE!
OPERAÇÃO
Vovó
#1
#3
#4
IS MY

Vida de autor com certeza parece divertida. Talvez um dia você leia um livro escrito por mim. Mas é muito cedo pra saber se é isso que eu quero fazer quando eu crescer.

EU TAMBÉM POSSO VIRAR...

OU ATÉ UMA BOMBEIRA CORAJOSA!
UMA BANQUEIRA DE INVESTIMENTO
OU ME TORNAR ALGUÉM QUE AJUDA PESSOAS PELO MUNDO AFORA!

Enfim, ainda está muito cedo
para me decidir. Não se
preocupe, ainda tem muito
tempo para explorar por aí.

E até lá eu vou continuar anotando tudo sobre minha autora favorita!

FIM

Você pode ser um autor antes de crescer! Em 2022, eu conheci sete crianças (entre 7 e 13 anos) que publicaram seus próprios livros. Então se esse é seu sonho, corra atrás dele hoje!

O que um autor faz ?

Autores são pessoas que escrevem sobre uma grande variedade de assuntos (de contos a fatos verdadeiros - ou até sobre o passado). E essa informação é feita em vários formatos: artigos, blogs, revistas, livros, jornais, etc.

Qual é a educação necessária ?

Autores possuem níveis de escolaridade e cursos diferentes! A maior parte dos autores possuem bacharelado em áreas como comunicação e jornalismo mas nem sempre! A autora do livro que você está lendo possui mestrado em desenvolvimento de jogos digitais!

Habilidades?

Boa escrita, organização, criatividade e persistência. Mas saber editar, ilustrar, formatar e ter conhecimento em marketing ou design também são habilidades super úteis!

Dinheiro?

Alguns autores não tem lucro com seus livros, outros recebem BILHÕES de dólares. Em 2023, a média do salário dos autores (tempo integral) nos E.U.A. é entre 60 e 70 mil dólares por ano. No Brasil a média vai de 30 a 70 mil reais.

Existem tipos diferentes?

Sim, autores podem ser: redatores, biógrafos, blogueiros, romancistas, roteiristas, serem responsáveis por discursos, trabalhar na narrativa de jogos e muito mais!

Como se publica um livro:

As duas formas de publicar livros são: <u>tradicionalmente</u> ou através da <u>auto-publicação</u>.

⭐ **<u>Na publicação tradicional</u>** a editora paga ao autor uma soma específica + uma porcentagem das vendas ('royalties'). A editora se responsabiliza pelo desenvolvimento do livro, incluindo o lançamento e a maior parte do marketing (o que significa menos responsabilidades para o autor mas também menos controle sobre o livro). Essa forma de publicação é mais difícil de se obter já que é limitada e geralmente requer um agente.

⭐ **<u>Já na auto-publicação</u>** (o caso desse livro) o autor precisa cobrir todos os custos de produção (incluindo ilustração, edição, formatação e design da capa) do próprio bolso ou através de campanhas/investidores. Autores também são responsáveis por todo a promoção dos livros - o que eu acredito ser mais que 50% do trabalho! Sério, marketing e propaganda é desafiante! Só depois de publicar, descobrimos se o livro é lucrativo.

(Então: Super obrigada pelo seu suporte!)

O dia a dia de um autor!

A rotina varia de acordo com o tipo de material que o autor escreve. Mas, em geral, o processo passa por: 1) geração de ideias; 2) pesquisa de mercado/do assunto; 3) escrita do rascunho; 4) pedir opiniões sobre o rascunho (feedback); 5) Repetir passos 3&4 até o material ficar bom o suficiente para enviar para um editor, agente ou para o resto do mundo!

Em resumo: autores leem e escrevem muito no cotidiano!

Livros secretos de outras autoras que são mães!

Desafio: ache os livros abaixo nas páginas ao longo da história (30 segundos por livro)

MISTY BLACK S.E. RICHEY CARLI VALENTINE LINDSEY POPE JENNIFER DECKER

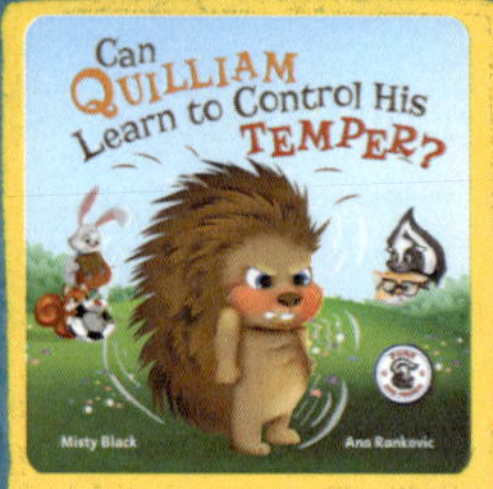    

     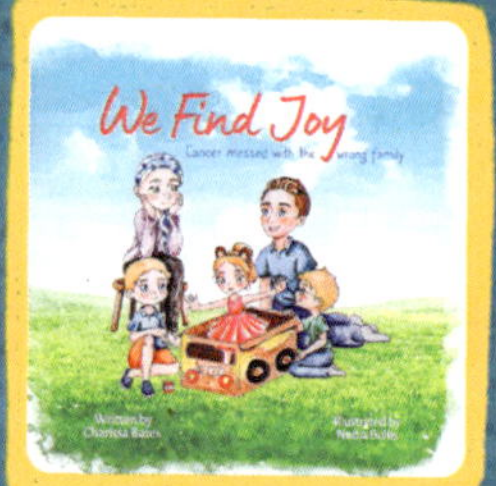

MICHELLE WANG BARBARA PINKE MELANIE HAWKINS COLLEEN CANNING CHARISSA BATES

Ideias brilhantes para explorar carreiras

(Individual) Leia 3 livros adicionais sobre outras carreiras.

(Grupo) Jogue 'Adivinhe o trabalho': encha um saco opaco com imagens ou títulos de profissões diferentes. Peça a cada criança para sortear um papel e fazer mímica ou descrever a profissão para o resto da classe adivinhar!

(Grupo ou Individual) Escolha 3 profissões escreva para cada uma delas: 3 motivos pelos quais elas parecem serem incríveis + 1 coisa que pode ser um obstáculo. Você pode pedir a um colega ideias para lidar com o obstáculos.

Sobre a autora!

Kelle é mãe, designer, autora e ilustradora! Ela era designer de jogos eletrônicos e de tabuleiro infantis. Kelle é brasileira mas mora nos Estados Unidos, então ela faz questão de publicar os livros no mínimo em inglês e português! Fato interessante: o primeiro curso que ela estudou foi Engenharia de Pesca!

Vamos conectar:     @writerversejourney

Visite: bit.ly/writerverse

para baixar páginas de colorir, planos de aula prontos para uso, e até livros gratuitos além dos livros que estão a venda!

O combo perfeito (Produtos Limitados)

bit.ly/wjshop

OUTROS LIVROS QUE VOCÊ VAI AMAR!

Contato: writerversejourney@gmail.com

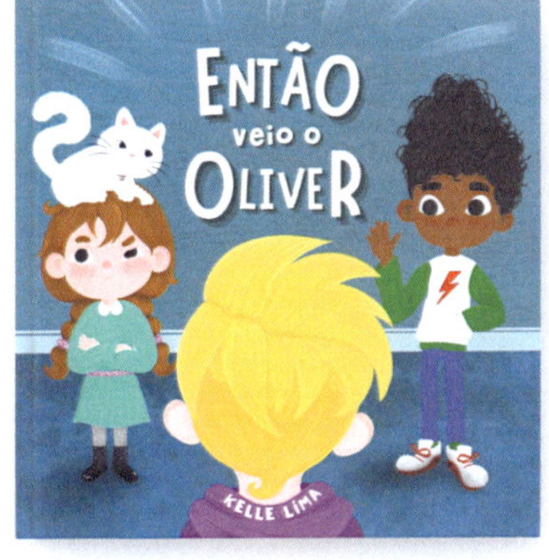

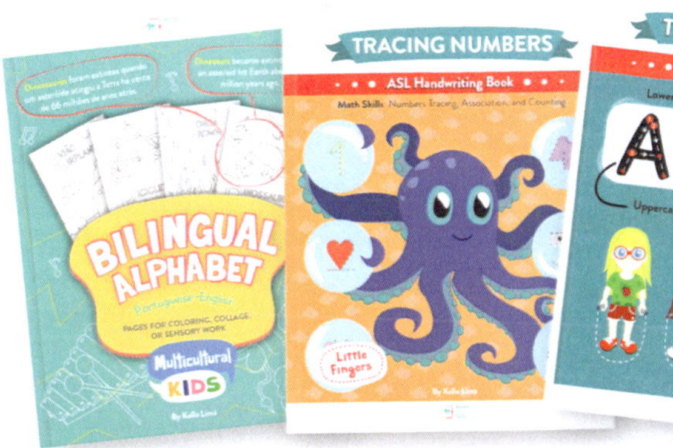